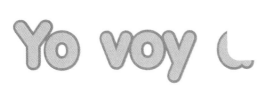

Yo voy a coger

Carmen Delfino
ilustrado por José Luis Navarro

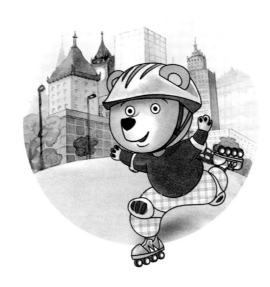

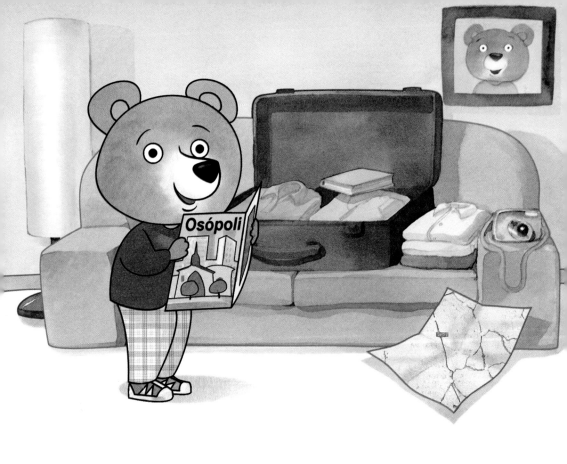

Yo voy a Osópoli.

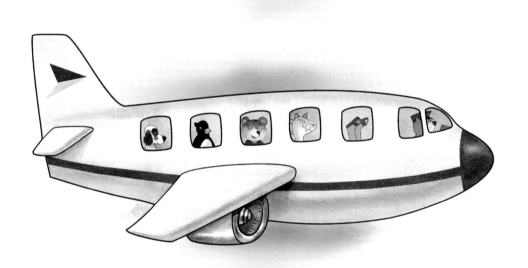

Yo voy en avión.

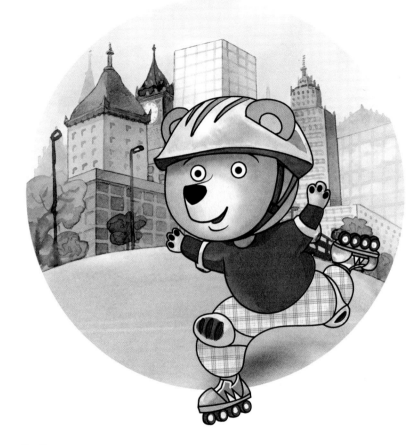

Yo voy en patines.

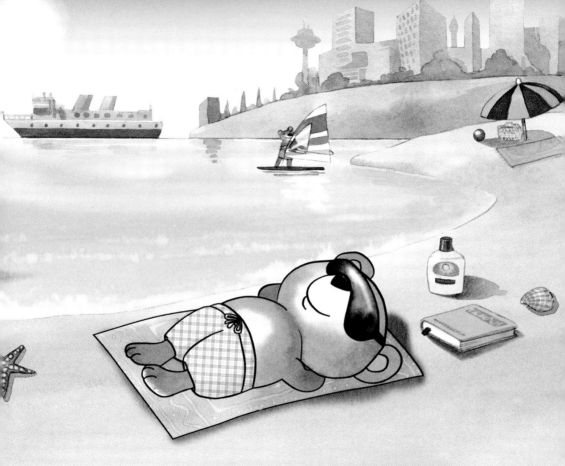

Yo voy a tomar sol.

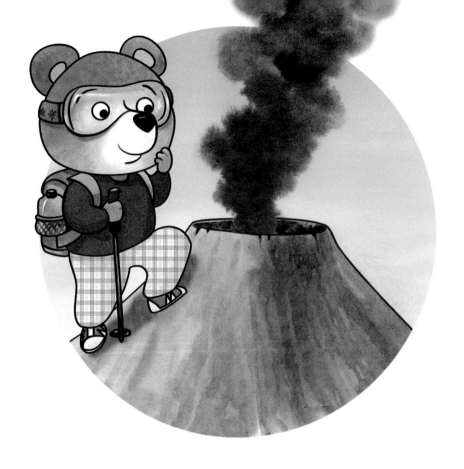

Yo visito un volcán.

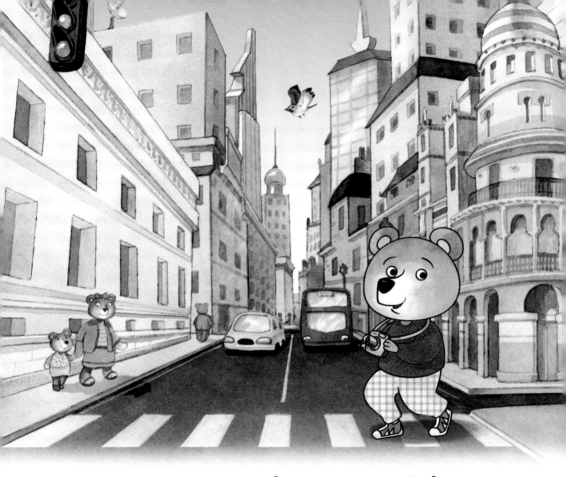

Yo voy a la avenida.

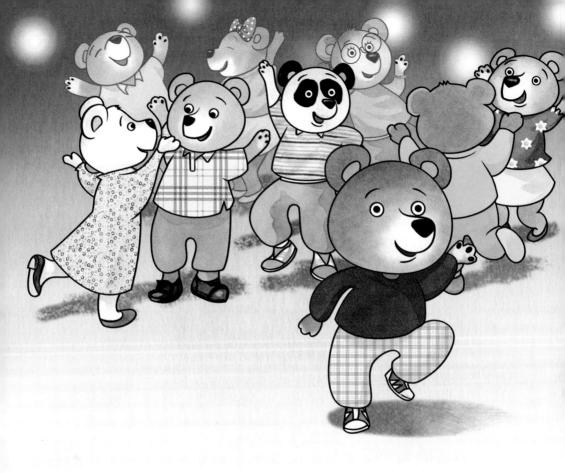

¡Sí! ¡Viva Osópoli!